Deportes espectaculares

Artes marciales

Comparación de números

Saskia Lacey

Asesora

Lorrie McConnell, M.A.
Especialista de capacitación profesional TK–12
Moreno Valley USD, CA

Créditos de publicación

Rachelle Cracchiolo, M.S.Ed., *Editora comercial*
Conni Medina, M.A.Ed., *Gerente editorial*
Dona Herweck Rice, *Realizadora de la serie*
Emily R. Smith, M.A.Ed., *Realizadora de la serie*
Diana Kenney, M.A.Ed., NBCT, *Directora de contenido*
June Kikuchi, *Directora de contenido*
Caroline Gasca, M.S.Ed., *Editora superior*
Stacy Monsman, M.A., *Editora*
Michelle Jovin, M.A., *Editora asociada*
Sam Morales, M.A., *Editor asociado*
Fabiola Sepúlveda, *Diseñadora gráfica*
Jill Malcolm, *Diseñadora gráfica básica*

Créditos de imágenes: pág.3 Willbrasil21/iStock; pág.4 PF1/Wenn/Newscom; págs.4, 5 Ji Hue/Alamy; pág.6 Paul Springett 10/Alamy; pág.7 superior xPacifica/Alamy; pág.8 Andy Crawford/Getty Images; pág.10 J. Henning Buchholz/Shutterstock; pág.11 fondo Buyenlarge/Getty Images; pág.11 primer plano Junko Kimura/Getty Images; págs.12, 13 J. Henning Buchholz/Shutterstock; pág.16 ImageBroker/Alamy; pág.17 Anna Rut Fridholm/Alamy; pág.20 Stephen Chung/Alamy; pág.24 A. Lesik/Shutterstock; pág.27 Hemis/Alamy; pág.29 Album/Newscom; todas las demás imágenes de iStock y/o Shutterstock.

Library of Congress Cataloging-in-Publication Data

Names: Lacey, Saskia, author.
Title: Deportes espectaculares. Artes marciales : comparacion de n?umeros / Saskia Lacey.
Other titles: Spectacular sports. Martial arts. Spanish
Description: Huntington Beach : Teacher Created Materials, 2018. | Includes index. |
Identifiers: LCCN 2018007590 (print) | LCCN 2018009583 (ebook) | ISBN 9781425823245 (ebook) | ISBN 9781425828622 (pbk.)
Subjects: LCSH: Martial arts--Juvenile literature.
Classification: LCC GV1101.35 (ebook) | LCC GV1101.35 L3318 2018 (print) | DDC 796.8--dc23
LC record available at https://lccn.loc.gov/2018007590

Teacher Created Materials

5301 Oceanus Drive
Huntington Beach, CA 92649-1030
www.tcmpub.com

ISBN 978-1-4258-2862-2

© 2019 Teacher Created Materials, Inc.
Printed in China
Nordica.072018.CA21800713

Contenido

Un luchador feroz

¡Conoce a Bruce Lee! Él era un maestro de **artes marciales**. Su estilo de pelea era sumamente rápido. Bruce Lee protagonizó películas de acción, como *Operación Dragón*. A las personas de todo el mundo les encantaba ver a Bruce Lee.

Pero Bruce Lee no fue el primer luchador de artes marciales. Las artes marciales han existido durante miles de años.

Hay muchos estilos de pelea. ¡Lo más probable es que hayas escuchado hablar de algunos! ¿Te suena el kung-fu? ¿Y el sumo? Esos son solo algunos, pero hay muchos más por descubrir.

Bruce Lee

Estudiantes practican el kung-fu.

Diferentes estilos

Cada estilo de arte marcial es **único**. Pero todos los estilos recompensan la **disciplina** y el trabajo duro.

Kung-fu

El kung-fu tiene miles de años. Este arte marcial chino se centra en la **defensa**. Los luchadores se defienden con diferentes posturas. Desde allí, dan patadas o bloquean a sus **oponentes**.

El kung-fu es más que un arte marcial. La frase *kung-fu* significa "habilidad". Una persona debe tener ciertas habilidades para hacer kung-fu. Puede trabajar duro para desarrollar estas habilidades.

Un niño practica una postura de kung-fu.

Un niño practica una patada lateral.

Una niña practica una postura de ban mabú, o medio caballo.

Muchas posturas de kung-fu llevan nombres de animales. Cada postura de kung-fu tiene sus beneficios. La postura de la serpiente permite hacer ataques rápidos. Las manos pueden **golpear** como una serpiente.

La postura del tigre se basa en la fuerza. Los luchadores de artes marciales que usan esta postura deben ser **ágiles**. Como los tigres, son poderosos y rápidos. En la postura del tigre se dan golpes con las manos abiertas. En esta postura, ¡las manos de los luchadores parecen garras!

postura del tigre

8

Imagina que se pidió a un grupo grande de alumnos de artes marciales que eligieran su postura de kung-fu preferida. Las tablas de valor posicional muestran la cantidad de alumnos que eligieron la postura del dragón y la de la serpiente. ¿Qué postura eligieron más alumnos? ¿Cómo lo sabes?

Postura del dragón

Centenas	Decenas	Unidades

Postura de la serpiente

Centenas	Decenas	Unidades

9

En la lucha de sumo, el cuadrilátero se llama *dohyō*.

Sumo

El sumo es otro estilo de arte marcial. Viene de Japón. Como el kung-fu, tiene una larga historia. Las personas han visto el sumo durante cientos de años. En los primeros tiempos, las luchas eran violentas. Durante un tiempo, las peleas de sumo estuvieron **prohibidas**.

Hay dos maneras de ganar un combate de sumo. Un luchador puede empujar al otro fuera del cuadrilátero. O un luchador puede empujar al otro al suelo. Los luchadores solo pueden tocar el suelo con los pies. Si otra parte del cuerpo toca el suelo, el combate se termina.

Hakuhō Shō es uno de los mejores luchadores de sumo del mundo.

Muchos piensan que en el sumo el luchador más grande siempre gana. ¡Pero eso no es cierto! El sumo es más que tamaño y fuerza. Para ganar, los luchadores deben ser rápidos. Como en el kung-fu, también deben ser ágiles.

Hoy en día, el sumo es una parte importante de la vida de Japón. Hay muchos combates cada año. El mejor luchador tiene un nombre especial. A este luchador lo llaman "gran campeón".

Un luchador de sumo se prepara para competir.

Imagina que se venden entradas para una competencia de sumo. Las entradas de adulto cuestan 875 yenes (moneda de Japón). Las de niño cuestan 575 yenes.

1. Dibuja una recta numérica como la que aparece abajo. Marca 875 y 575.

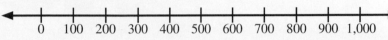

2. ¿Qué entrada cuesta más? ¿Cómo lo sabes?

Luchadores de sumo compiten en Japón.

Capoeira

En Brasil, la gente practica un arte marcial llamado *capoeira*. En estos **encuentros** se mezclan la lucha y la música. Algunas personas del público cantan. Otras golpean tambores o hacen sonar campanas. En medio del público, dos luchadores patean, golpean y hacen piruetas al compás de la música. Pero la capoeira no es solo diversión y juegos. Como en todas las artes marciales, los luchadores deben trabajar duro. Deben entrenarse para perfeccionar sus movimientos.

Los deportistas de capoeira entrenan al ritmo del tambor.

15

Un estudiante practica en una escuela de capoeira.

Antes de que tengan lugar los encuentros, los luchadores van a la escuela. ¡Así es! Hay escuelas para este estilo de arte marcial. Estas escuelas abrieron primero en Brasil. Pero ahora hay escuelas de capoeira en todo el mundo. Los alumnos aprenden a moverse al ritmo de la música. También aprenden a evitar que los golpeen.

Alumnos de capoeira en Suecia aprenden a entrenar de manera segura.

17

Un luchador de kendo entrena con una espada *shinai*.

Kendo

Como el sumo, el kendo es de Japón. Este estilo provino de los samuráis. Estos guerreros se preparaban para sus peleas luchando. Crearon el kendo como una manera de perfeccionar sus habilidades.

Los luchadores de kendo usan armas. Los samuráis usaban espadas hechas de metales duros. Las espadas catanas eran famosas por ser muy filosas. Actualmente, los luchadores usan espadas de madera. Se llaman *shinai*. Estas espadas les permiten entrenar sin lastimarse.

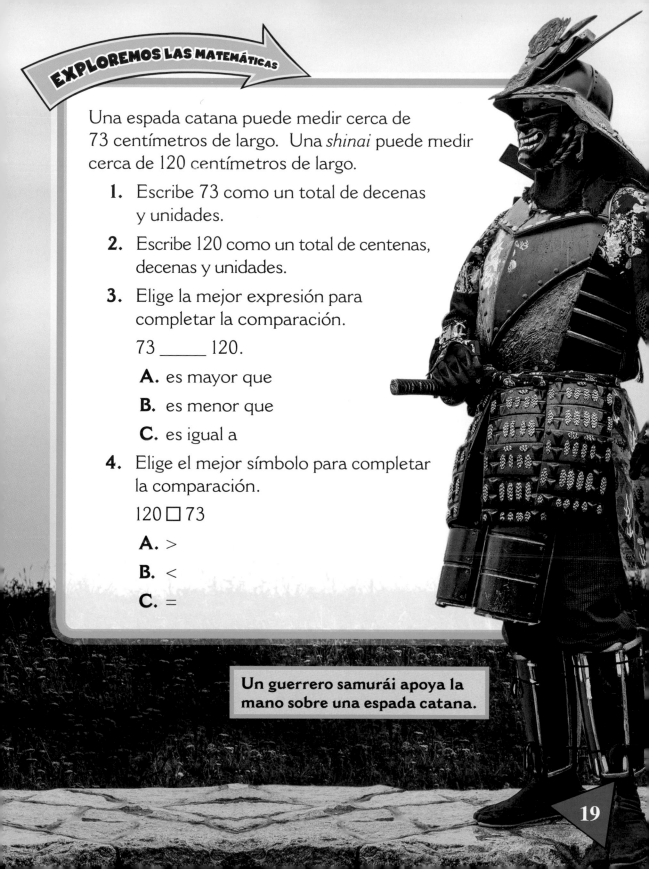

EXPLOREMOS LAS MATEMÁTICAS

Una espada catana puede medir cerca de 73 centímetros de largo. Una *shinai* puede medir cerca de 120 centímetros de largo.

1. Escribe 73 como un total de decenas y unidades.

2. Escribe 120 como un total de centenas, decenas y unidades.

3. Elige la mejor expresión para completar la comparación.

   73 _____ 120.

   A. es mayor que

   B. es menor que

   C. es igual a

4. Elige el mejor símbolo para completar la comparación.

   120 ☐ 73

   A. >

   B. <

   C. =

Un guerrero samurái apoya la mano sobre una espada catana.

Los combates de kendo se realizan en espacios grandes. Todos los luchadores usan el mismo uniforme llamado *kendogui*. Usan chaqueta, pantalones anchos, máscara y guantes. Los luchadores también usan ropa para protegerse el pecho y la cintura.

Para anotar puntos, los luchadores deben golpear al contrario en ciertos lugares. Por ejemplo, se da un punto cuando la *shinai* golpea en la parte de arriba de la cabeza. Para ganar un punto, el luchador debe anunciar dónde está golpeando. El primero en anotar dos puntos gana.

Un luchador gana un punto por un golpe en la cabeza.

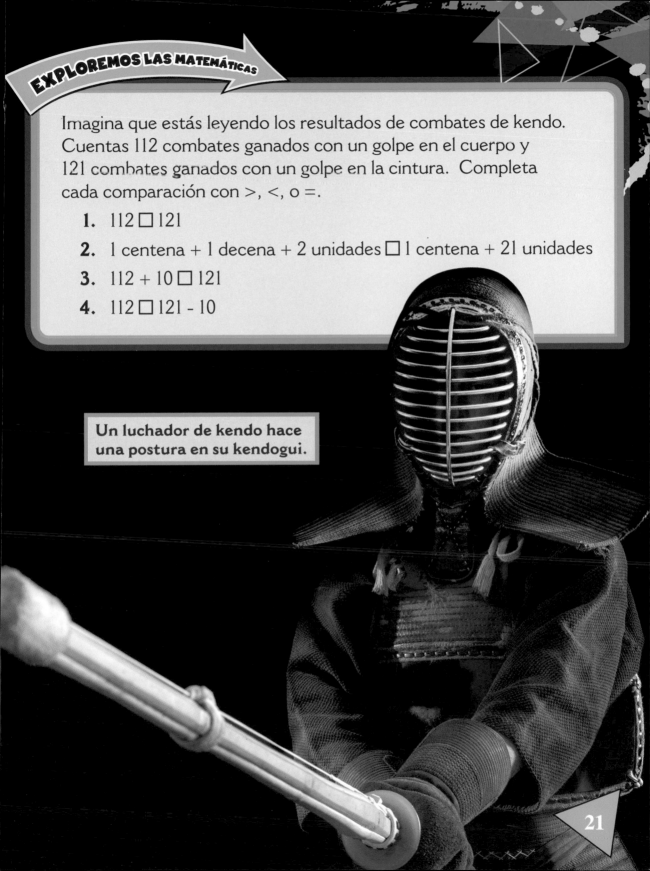

EXPLOREMOS LAS MATEMÁTICAS

Imagina que estás leyendo los resultados de combates de kendo. Cuentas 112 combates ganados con un golpe en el cuerpo y 121 combates ganados con un golpe en la cintura. Completa cada comparación con >, <, o =.

1. 112 ☐ 121

2. 1 centena + 1 decena + 2 unidades ☐ 1 centena + 21 unidades

3. 112 + 10 ☐ 121

4. 112 ☐ 121 - 10

Un luchador de kendo hace una postura en su kendogui.

21

Kárate

El arte marcial del kárate tiene cerca de quinientos años. Vino de Asia del Este. En ese momento, las armas estaban prohibidas. Pero, igualmente, las personas querían tener un modo de defenderse. Así que crearon el kárate. *Kárate* significa "manos vacías". Eso quiere decir que los luchadores no usan armas.

El estilo permaneció en Asia durante muchos años. Pero hace cien años, se abrieron escuelas de kárate en Japón. Desde allí, el kárate se expandió. Actualmente, es uno de los estilos más practicados del mundo.

Los niños practican cómo bloquear golpes en una clase de kárate.

Una niña practica
su patada lateral.

Los luchadores usan chaquetas y pantalones llamados *karategui*. Por lo general, estas prendas son blancas. Los luchadores de kárate también usan cinturones. El color del cinturón muestra la habilidad del luchador. Los alumnos nuevos usan cinturones blancos. Los maestros de kárate usan cinturones negros.

La manera de ganar un combate de kárate es golpeando lo más fuerte que puedas. Por eso los luchadores practican golpeando y pateando cojines y trozos de madera. Algunos luchadores hasta pueden romper ladrillos o trozos de madera gruesos con sus manos o con sus pies descalzos.

Dos luchadores de kárate usan guantes para no lastimarse.

Una luchadora de kárate rompe un trozo de madera.

cinturones de kárate

Dedícales tiempo

A los luchadores les lleva años perfeccionar su arte. Deben entrenar durante horas todos los días. Así que, si te atraen las artes marciales, ¡dedícales tiempo!

Personas de todo el mundo practican artes marciales. Elige el estilo que te parezca más divertido. Puede ser kendo, kung-fu o, incluso, sumo. Luego, ¡a practicar!

Estos niños practican para ser el próximo gran campeón de sumo.

⚙️ Resolución de problemas

Imagina que estás viendo una película de kung-fu con tu familia. Todos quieren saber qué movimiento se usa con más frecuencia. Cada vez que se enfrentan los actores, un miembro de la familia cuenta la cantidad de patadas, golpes y bloqueos. Cada uno muestra las cantidades de manera diferente. Usa la información de la derecha para responder las preguntas y hacer comparaciones.

1. Escribe números de tres dígitos para mostrar la cantidad de patadas, golpes y bloqueos de la película.

2. Elige números para completar cada comparación.

   a. _____ > _____

   b. _____ > _____

   c. _____ < _____

   d. _____ < _____

3. ¿Qué movimiento se usó con más frecuencia? ¿Cómo lo sabes?

4. ¿Qué movimiento se usó con menos frecuencia? ¿Cómo lo sabes?

	Centenas			Decenas	Unidades
Patadas					
Golpes	2 centenas + 7 decenas + 5 unidades				
Bloqueos					

Glosario

ágiles: que se pueden mover fácil y rápidamente

artes marciales: cualquiera de las formas de lucha o autodefensa practicadas como deporte

defensa: el acto de proteger a alguien o algo de un ataque

disciplina: una manera de entrenar para mejorar el comportamiento

encuentros: competencias deportivas

golpear: pegar con fuerza

oponentes: personas, equipos o grupos que compiten entre sí

prohibidas: no permitidas

único: que no se parece a nada

Índice

Soluciones

Exploremos las matemáticas

página 9:

Más estudiantes eligieron la postura del dragón; las respuestas variarán, pero pueden incluir que ambas tablas de valor posicional muestran 2 centenas, pero la tabla de la postura del dragón muestra 5 decenas, mientras que la tabla de la postura de la serpiente solo muestra 4 decenas.

página 13:

1.

2. La entrada de adulto cuesta más; las respuestas variarán, pero pueden incluir que la entrada de adulto cuesta 875 yenes, que es más a la derecha en la recta numérica que la entrada de niño de 575 yenes.

página 19:

1. $70 + 3$

2. $100 + 20 + 0$

3. B; 73 es menor que 120

4. A; $120 > 73$

página 21:

1. $<$; $112 < 121$

2. $<$; 1 centena + 1 unidad + 2 unidades < 1 centena + 21 unidades

3. $>$; $112 + 10 > 121$

4. $>$; $112 > 121 - 10$

Resolución de problemas

1. **Patadas**: 314; **Golpes**: 275; **Bloqueos**: 140

2. a. Las respuestas variarán, pero pueden incluir $314 > 275$, $314 > 140$, o $275 > 140$.

   b. Las respuestas variarán, pero pueden incluir $314 > 275$, $314 > 140$, o $275 > 140$.

   c. Las respuestas variarán, pero pueden incluir $275 < 314$, $140 < 314$, o $140 < 275$.

   d. Las respuestas variarán, pero pueden incluir $275 < 314$, $140 < 314$, o $140 < 275$.

3. Se usaron patadas con más frecuencia; las respuestas variarán, pero pueden incluir que las patadas tienen un 3 en el lugar de las centenas, mientras que los golpes tienen un 2 y los bloqueos tienen solo un 1 en el lugar de las centenas.

4. Se usaron bloqueos con menos frecuencia; las respuestas variarán, pero pueden incluir que 140 es menor que 275 y que 140 es menor que 314.